El Camellito y la Estrella de Navidad

Un tierno relato del Nacimiento para niños de 4 a 8 años

Tiina Hoddy

© Copyright Tiina Hoddy 2025 – Todos los derechos reservados.

Este cuento es especial y solo para ti.
 No se puede copiar, vender ni compartir sin el permiso de la autora.

Prólogo

La Navidad es más que luces, regalos y canciones: es la historia del amor de Dios, enviado a nosotros en la forma de un pequeño bebé. Este libro cuenta esa historia a través de los ojos de un camellito, curioso y valiente, que sigue una estrella para encontrar al Rey recién nacido.

Los niños suelen ver el mundo de otra manera—con asombro, atención a los detalles y corazones tiernos. El camellito nos recuerda que Dios nos llama a cada uno a su manera, y que incluso los pasos más pequeños de fe pueden llevarnos a algo extraordinario.

Al leer este libro juntos, que puedan sentir la alegría y la paz de aquella noche santa, y que sus corazones se acerquen más al niño en el pesebre.

Con bendiciones en esta Navidad,

Tiina Haddy

Índice

	Página
Capítulo 1: El Camellito	7
Capítulo 2: La Gran Estrella	11
Capítulo 3: La Partida del Camellito	15
Capítulo 4: A Través de las Dunas	19
Capítulo 5: En el Oasis	23
Capítulo 6: Los Camellos de los Mercaderes	27
Capítulo 7: Los Tres Reyes Magos	31
Capítulo 8: Uniéndose a la Caravana	35
Capítulo 9: El Largo Viaje	39
Capítulo 10: La Ciudad de Belén	43
Capítulo 11: El Pesebre	47
Capítulo 12: El Niño y el Camellito	51
Capítulo 13: Llega Mamá	55
Capítulo 14: Una Noche para Recordar	59

Capítulo 1 – El Camellito

En un tranquilo pueblo del desierto, lejos de los mercados bulliciosos, nació un camellito. Su pelaje era suave y esponjoso, del color de la arena dorada. Sus patas eran torpes, pero sus ojos—grandes, oscuros y pensativos—brillaban con asombro.

A los otros camellos les gustaba correr y empujarse unos a otros, levantando nubes de polvo. Pero el camellito era diferente. No siempre se unía a ellos. En cambio, se sentaba a mirar cómo la luz del sol dibujaba formas en las dunas.

Notaba cómo el viento susurraba entre las palmeras y cómo diminutos escarabajos dejaban huellas en la arena.

A veces, los otros camellos jóvenes se burlaban de él.

—¿Por qué no juegas? —le preguntaban.

El camellito bajaba la cabeza.

—Me gusta mirar. Me gusta pensar

La mamá camella lo quería muchísimo. Lo acarició suavemente.

—Tú ves el mundo a tu manera especial —dijo—. Eso te hace valioso.

Por la noche, mientras la manada descansaba, el camellito permanecía despierto, mirando el cielo. Las estrellas titilaban como pequeñas linternas esparcidas sobre un manto oscuro. Se preguntaba qué secretos guardaban y por qué brillaban con tanta fuerza.

Aunque era pequeño, el corazón del camellito estaba lleno de preguntas, y en lo más profundo sentía que, algún día, algo extraordinario lo llamaría.

Capítulo 2 – La Gran Estrella

Una fresca tarde, mientras el sol se ocultaba detrás de las dunas, el camellito se alejó hasta el borde de la manada. El desierto se extendía ancho e infinito, salpicado de estrellas. Las había visto muchas veces antes, pero aquella noche algo era diferente.

Allí—justo sobre el horizonte—brillaba una estrella más resplandeciente que todas las demás. Centelleaba con un resplandor dorado y blanco, más grande y clara que cualquier estrella que hubiera visto jamás. Casi parecía viva, como si estuviera respirando luz en la noche.

El camellito inclinó la cabeza. Sus orejas se movieron. Su corazón dio un pequeño vuelco.

—¿Por qué brilla tanto más que las otras? —susurró.

Los otros camellos jóvenes apenas se dieron cuenta. Estaban demasiado ocupados persiguiéndose entre sí por la arena. Incluso la mamá camella, descansando cerca, solo bostezó y dijo:

—Es solo una estrella, pequeñito. Ahora, duerme

Pero el camellito no podía dormir. Sus ojos permanecían fijos en la estrella brillante y, en lo más profundo, algo se agitaba. Era como si la estrella lo llamara—como si lo invitara a seguirla.

Durante toda la noche la observó, hasta que el primer resplandor del amanecer tiñó las dunas. La estrella no se desvaneció como las demás. Seguía ardiendo con fuerza, esperando.

El corazón del camellito latía con fuerza. No sabía por qué, pero estaba seguro de que esa estrella lo llevaría a algo importante—algo que había estado buscando sin siquiera saberlo.

Susurró al aire de la mañana:

—Debo encontrar a dónde me lleva.

Y así, con el desierto despertando a su alrededor, el camellito dio su primer paso valiente hacia lo desconocido.

La Partida del Camellito

El pueblo aún dormía. Las hojas de las palmeras se mecían suavemente con la brisa temprana, y el único sonido era el arrullo de las palomas en las vigas. La mamá camella dormitaba con el resto de la manada, la cabeza recogida junto a su costado.

Pero el camellito estaba bien despierto. Sus ojos buscaban el cielo hasta que la encontró de nuevo: la gran estrella resplandeciente. Brillaba con tanta fuerza que parecía bañar las dunas de plata.

El camellito tomó un respiro tembloroso. Nunca se había alejado mucho de la manada. Mamá siempre lo mantenía cerca, advirtiéndole que no se alejara demasiado. Pero la estrella parecía susurrarle, llenándolo de valor.

—Solo la seguiré un ratito —dijo en voz baja, aunque nadie pudiera escucharlo.

Cruzó con cuidado la arena, dejando diminutas huellas con sus pezuñas.

Miró hacia atrás una vez. La mamá camella seguía durmiendo en paz, su costado subiendo y bajando con cada respiro.

El corazón del camellito se encogió. No quería dejarla. Pero la fuerza de la estrella era demasiado grande.

—Volveré —prometió, aunque en el fondo sabía que su viaje apenas estaba comenzando.

Se dio la vuelta y fijó su mirada en la luz resplandeciente. El desierto se extendía ancho e infinito, pero con cada paso, la estrella parecía brillar un poco más, como si lo guiara hacia adelante.

El camellito avanzó hacia lo desconocido, con el corazón lleno de miedo y asombro, siguiendo una estrella que cambiaría todo.

Capítulo 4 – A Través de las Dunas

El desierto se extendía como un mar dorado. Las dunas ondulaban suavemente, subiendo y bajando como olas, con sus crestas brillando bajo la luz del sol naciente. El camellito subía colina tras colina, sus pequeñas patas hundiéndose en la arena blanda.

Se detuvo en lo alto de una gran duna, jadeando. El viento tiraba de su pelaje, llevándose consigo el seco y polvoriento olor del desierto. Detrás de él, el pueblo ya quedaba muy lejos, apenas una silueta difusa en la distancia.

Por un momento, el camellito se sintió muy pequeño y muy solo.

—Tal vez debería regresar —pensó. Sus orejas se inclinaron y su pecho se sintió pesado.

Pero entonces levantó la vista. La estrella seguía brillando intensamente, incluso a la luz del día. Su resplandor constante lo llenó de valor.

Paso a paso, siguió adelante. Notaba cosas en el camino que otros quizás habrían pasado por alto: las delicadas líneas que dejaban los escarabajos al arrastrarse por la arena, el espejismo de calor que hacía bailar el horizonte, el suave silbido del viento mientras esculpía nuevas crestas en las dunas.

A veces tropezaba y la arena se deslizaba bajo sus pezuñas. A veces deseaba que mamá camella caminara a su lado. Pero cada vez que la duda se asomaba, levantaba los ojos hacia la estrella y continuaba.

A medida que el sol subía más alto, el desierto se volvía abrasador. La boca del camellito se sentía seca y sus patas le dolían. Justo cuando pensaba que no podía dar un paso más, divisó algo brillante en la distancia. Un oasis.

Su corazón saltó de esperanza. Agua fresca, palmeras altas y la promesa de descanso le esperaban más adelante. La estrella aún brillaba sobre él, y ahora parecía sonreír.

El camellito apuró el paso, ansioso por el alivio que lo aguardaba entre los árboles.

Capítulo 5 – En el Oasis

El camellito se tambaleó hasta la sombra de unas altas palmeras, con los costados agitándose a cada respiro. El oasis resplandecía ante él como una joya en el desierto—una poza de agua clara y fresca, rodeada de hojas verdes y hierba dulce.

Agachó la cabeza y bebió profundamente. El agua era fresca y deliciosa, deslizándose por su garganta reseca. Por primera vez desde que dejó su hogar, se sintió fuerte otra vez.

Pájaros revoloteaban sobre él, sus alas brillando al sol. Una rana saltó al agua, haciendo ondular la superficie. El camellito observaba con los ojos muy abiertos, fascinado por cada sonido y movimiento.

De pronto, escuchó el pesado golpeteo de cascos. Detrás de las palmeras apareció una fila de camellos altos y orgullosos. Llevaban sobre sus lomos cestas y jarras, cuerdas colgando a sus costados.

Los camellos de los mercaderes se detuvieron en la poza, bebiendo ruidosamente. Uno de ellos se fijó en el camellito y rió:

—Vaya, mira a este pequeño viajero. ¿Dónde está tu manada, pequeñín?

El camellito bajó la cabeza con timidez. —Estoy siguiendo a la estrella —dijo suavemente.

Los camellos rieron. —¿Una estrella? ¡Qué tontería! Las estrellas están demasiado lejos. Nosotros seguimos a nuestros amos y llevamos sus cargas para vender en los pueblos. Ese es el verdadero trabajo.

Pero el camellito no discutió. Alzó la vista de nuevo hacia la luz brillante en el cielo. Seguía resplandeciendo, firme y segura. Su corazón le susurraba: Este es mi camino, aunque ellos no lo entiendan.

Cuando los camellos de los mercaderes terminaron de beber, se marcharon, sus cargas balanceándose mientras desaparecían en el desierto.

El camellito permaneció en silencio junto al agua, sintiendo el llamado de la estrella una vez más. Era muy pequeño, y el desierto tan grande. Pero algo dentro de él le decía que no estaba perdido. Lo estaban guiando. Después de un último sorbo, levantó la cabeza, sacudió el polvo de su pelaje y volvió a internarse en la arena dorada. La estrella aún lo esperaba, y también su viaje.

Capítulo 6 - Los Camellos de los Mercaderes

El camino del desierto se volvió más concurrido mientras el camellito seguía a la estrella. No pasó mucho tiempo antes de que se encontrara con otro grupo de camellos, más grandes y fuertes que cualquiera que hubiera visto antes. Sus lomos estaban cargados de alfombras, especias y objetos brillantes que tintineaban al caminar.

Los mercaderes que los poseían se gritaban unos a otros, agitando los brazos mientras regateaban y reían. El aroma de ricas especias—canela, mirra y pimienta—se escapaba de las cestas y hacía cosquillear la nariz del camellito.

Uno de los camellos altos lo notó trotando a su lado. —¡Eh, tú, pequeñín! No pareces pertenecer a nadie. ¿A dónde vas sin carga que llevar?

El camellito levantó la cabeza tímidamente. —Estoy siguiendo a la estrella —dijo. El camello grande resopló. —¿La estrella? Tonterías. Los camellos de verdad cargan pesados fardos. Los camellos de verdad sirven a sus amos. Ese es nuestro propósito.

Otro intervino: —No pierdas el tiempo persiguiendo luces en el cielo, pequeño soñador. Nunca podrás seguirnos el ritmo.

Las orejas del camellito se inclinaron por un momento. Sus palabras dolieron, pero mantuvo la mirada en la estrella resplandeciente sobre él. Seguía brillando firme, como si le recordara: Sigue adelante. No te rindas. Susurró suavemente:

—Quizás soy pequeño. Quizás soy diferente. Pero sé que esta estrella me está llevando a un lugar importante.

Los camellos de los mercaderes pronto se adelantaron, sus cargas balanceándose y sus campanillas tintineando en el aire ardiente. El polvo se alzó tras ellos hasta que solo quedaron como sombras en el horizonte. El camellito se detuvo un momento, y el desierto volvió a quedar en silencio. Su corazón se llenó de dudas.

—¿Y si tienen razón? —pensó—. ¿Y si no pertenezco a ningún lugar?

Entonces levantó los ojos una vez más. La estrella seguía brillando, fuerte y constante, esperándolo. El camellito respiró hondo. Sus pasos eran más lentos, pero su corazón estaba firme.

—Puede que no sea como los demás —susurró—, pero seguiré a la estrella. Y así continuó, solo, pero no perdido, hacia la luz.

Capítulo 7 - Los Tres Reyes Magos

La noche cayó sobre el desierto, y las pezuñas del camellito se hundieron en la arena fresca. Tiritó mientras el aire se volvía más frío. La estrella brillaba más que nunca, derramando su luz plateada sobre las dunas. Más adelante, divisó un resplandor de fuego. Con curiosidad, se acercó sigilosamente. Para su sorpresa, tres majestuosos camellos descansaban junto a una hoguera. Sus monturas estaban cubiertas con ricas telas y, sobre sus lomos, llevaban tesoros envueltos en sedas—pesados cofres de oro, jarras de aceites perfumados y brillantes fardos atados con cuerdas.

Junto a los camellos estaban sentados tres hombres, vestidos con túnicas finas y turbantes. Estudiaban mapas y pergaminos a la luz del fuego, sus rostros iluminados por el resplandor.

Los ojos del camellito se abrieron de asombro. Nunca había visto tanta grandeza. Dio un paso vacilante hacia adelante. Uno de los camellos altos lo notó y sonrió.—Bueno, pequeño viajero, ¿qué te trae por aquí?

—Estoy siguiendo a la estrella —dijo el camellito en voz baja, señalando el cielo con su hocico.

Los tres grandes camellos levantaron la cabeza para mirar, y sus amos hicieron lo mismo. La estrella brillaba sobre ellos, más luminosa que todas las demás.

—Ah —murmuró uno de los Reyes Magos—. El pequeño lo comprende. Nosotros también seguimos a la estrella.

El corazón del camellito dio un brinco. —¿De verdad?

—Sí —respondió con bondad el gran camello—. Nuestros amos creen que nos llevará hasta el Niño Rey. Han traído regalos para honrarlo.

Los ojos del camellito se iluminaron. Por primera vez no se sintió solo ni extraño. Estos viajeros también creían en la estrella.

—Ven con nosotros —dijo otro de los camellos altos, inclinando la cabeza—. El camino es largo, pero juntos seremos más fuertes.

El camellito se acercó al fuego, y una calidez nueva llenó su corazón. Al fin había encontrado a quienes lo entendían.

Esa noche, mientras la caravana avanzaba bajo la luz resplandeciente, el camellito caminó orgulloso entre los grandes camellos. Ya no era un vagabundo solitario, sino parte de algo maravilloso.

Capítulo 8 - Uniéndose a la Caravana

La noche del desierto se extendía ancha y silenciosa, pero la caravana de camellos avanzaba con paso firme. El camellito trotaba cerca de los más grandes, dejando con sus pequeñas pezuñas huellas diminutas junto a las huellas pesadas de ellos.

Por primera vez desde que dejó su hogar, no se sintió tan solo. Los grandes camellos llevaban tesoros dignos de un rey—cofres de oro, frascos de incienso y fardos de mirra. Sus monturas tintineaban suavemente con campanillas al caminar.

El camellito no llevaba nada. Su lomo estaba desnudo y sus pasos eran ligeros. Se preguntaba si de verdad pertenecía a ese lugar.

Uno de los camellos altos inclinó su largo cuello hacia él y le habló con bondad:

—No te preocupes, pequeñito. Puede que no cargues regalos en tu lomo, pero llevas contigo algo igual de valioso.

El camellito parpadeó —¿Qué quieres decir?

—Llevas en tu corazón la fe que cree —respondió el camello alto—. Ese es un regalo que nadie más puede traer.

Las palabras llenaron al camellito de calor. Alzó la cabeza y miró de nuevo la estrella, que resplandecía más brillante que nunca.

Las voces de los Reyes Magos flotaban en el aire mientras hablaban en voz baja entre ellos.

—Ya estamos cerca —dijo uno—. La estrella nos guía hacia un niño... un Rey.

Las orejas del camellito se aguzaron. ¿Un Rey? ¿Un niño? Su corazón latió con fuerza. Quizás por eso la estrella lo había llamado desde tan lejos.

Al despuntar el alba, tiñendo el desierto de rosa y dorado, la caravana siguió avanzando.

El camellito caminaba orgulloso en medio de ellos, sus pasos ligeros pero firmes. Por primera vez en su vida, sintió que estaba exactamente en el lugar donde debía estar.

Capítulo 9 - El Largo Viaje

Día tras día, la caravana avanzaba por el desierto sin fin. El sol ardía en lo alto, y la arena brillaba como fuego. Por la noche, el aire se volvía helado, y el camellito se acurrucaba junto a los grandes camellos para sentir calor.

A veces le dolían tanto las patas que pensaba que no podría dar un paso más. Sus pezuñas se sentían pesadas, y las dunas parecían no terminar nunca.

—Es demasiado lejos —susurraba más de una vez—. Nunca lo lograré.

Pero cada vez levantaba los ojos hacia la estrella. Nunca titubeaba. Nunca se apagaba. Brillaba como si le dijera: Sigue adelante. No estás solo.

Los camellos mayores también lo animaban.

—Despacio, pequeñito —decían con bondad—. Cada paso nos acerca más.

Por el camino, el camellito notaba cosas que los demás no veían: la forma en que el viento dibujaba ondas en la arena, la sombra fresca que aparecía por un instante cuando pasaba una nube, el sonido de sus propias pezuñas marcando un ritmo constante—como un tambor que lo guiaba hacia adelante.

Una noche, mientras los Reyes Magos estudiaban sus pergaminos junto al fuego, el camellito permaneció despierto, mirando la estrella. Pensaba en su mamá, tan lejos en casa. La echaba mucho de menos, pero la luz de la estrella le daba consuelo.

—Por favor, dame fuerzas —susurró en la quietud de la noche.

Llegó la mañana y, aunque aún le dolían las patas, se mantuvo erguido. La estrella brillaba más que nunca, y él sabía que los estaba guiando hacia algo maravilloso.

El viaje era largo, pero el camellito siguió adelante, paso tras paso, sin llevar tesoros de oro ni especias, sino un corazón valiente lleno de esperanza.

Capítulo 10 – La Ciudad de Belén

Por fin, después de muchos días y noches, la caravana coronó una colina. Abajo se extendía una ciudad bulliciosa, con calles llenas de luz y de ruido. El camellito nunca había visto tanta gente reunida en un solo lugar.

Los mercaderes ofrecían sus mercancías a gritos, los burros rebuznaban, los niños corrían por los callejones estrechos y las carretas traqueteaban sobre los adoquines. El aroma de pan recién horneado y de carne asada llenaba el aire. Los ojos del camellito se abrieron de asombro. —¿Es aquí adonde nos ha guiado la estrella?

Uno de los Reyes Magos señaló hacia lo alto. La estrella brillaba más que nunca, justo encima de la ciudad. —Belén —dijo suavemente—. Aquí lo encontraremos.

La caravana avanzó despacio por las calles abarrotadas. El camellito se apretaba contra los camellos grandes para no perderse. La gente se detenía a mirar a los tres hombres ricamente vestidos y a sus nobles animales.

Algunos susurraban, otros se inclinaban con respeto, pero la mayoría seguía de prisa con sus quehaceres.

El camellito olfateó el aire. Era emocionante, pero también abrumador. El ruido hacía que moviera las orejas, y la multitud lo hacía añorar la calma del desierto.

Tropezó con una piedra suelta y, por un momento, deseó que su mamá estuviera a su lado. Pero al levantar la cabeza, vio que la estrella seguía brillando arriba, firme y serena.

La caravana pasó por posadas que ya estaban llenas, con las puertas cerradas y los viajeros cansados dentro. No parecía haber un lugar donde detenerse. El camellito pensó:

—¿Dónde podría nacer un rey en un lugar tan bullicioso y ruidoso?

Entonces, justo más allá de la ciudad, la luz de la estrella parecía posarse sobre un establo tranquilo. El aire estaba quieto, como si todo el mundo contuviera la respiración.

Los Reyes Magos se miraron entre sí con complicidad. —Allí —susurró uno—. Allí nacerá el niño. El corazón del camellito latía con fuerza de emoción. El viaje aún no había terminado, pero la luz de la estrella los estaba guiando hacia algo sagrado.

Capítulo 11 – El Pesebre

La caravana avanzó lentamente al dejar atrás las calles ruidosas. El resplandor de la estrella descansaba suavemente sobre un establo pequeño y humilde. Su techo de madera era áspero, sus muros sencillos, y el sonido de los animales flotaba suavemente en la noche.

Las pezuñas del camellito crujieron sobre la paja esparcida en la entrada. Su corazón latía con fuerza. ¿Podría ser este el lugar al que la estrella lo había guiado?

Dentro, el establo estaba cálido y en silencio. Un burrito se movía en un rincón. Una vaca mugió suavemente. Y allí, en el centro, yacía un pequeño bebé en un pesebre lleno de heno. A su lado, su madre, María, lo contemplaba con los ojos brillantes de amor. José estaba de pie, cercano, vigilante y sereno.

El camellito miró fijamente, con la respiración atrapada en el pecho. No era un niño cualquiera. Aunque era pequeño, su presencia llenaba el lugar de paz y de luz. El camellito lo sintió en lo más profundo de su corazón, más fuerte que cualquier cosa que hubiera conocido.

Los tres Reyes Magos entraron inclinándose con respeto. Colocaron sus regalos ante el Niño Jesús: oro para un rey, incienso para la adoración y mirra para lo que estaba por venir. Sus voces eran suaves, llenas de asombro.

El camellito avanzó despacio, con los ojos fijos en el pequeño bebé. Por un instante, sintió como si Jesús lo mirara directamente a él—como si pudiera ver su corazón, sus preguntas, sus temores y sus anhelos.

Y en esa mirada, el camellito se sintió comprendido. No necesitaba explicar por qué había seguido a la estrella. El Niño en el pesebre ya lo sabía.

El camellito se arrodilló, doblando sus pequeñas patas bajo su cuerpo. No tenía tesoros que ofrecer, pero entregó el único regalo que poseía: su asombro, su fe y su viaje.

Capítulo 12 - El Niño y el Camellito

El establo estaba en silencio, el aire lleno del suave murmullo de los animales acomodándose en la paja. Los Reyes Magos susurraban sus oraciones, María tarareaba una dulce nana, y la luz de la estrella se filtraba suavemente por las rendijas del techo.

El camellito permaneció cerca del pesebre. Inclinó la cabeza hasta que su hocico rozó el borde de la madera. El dulce aroma del heno se mezclaba con el calor suave del pequeño bebé que yacía allí.

Jesús se movió, sus diminutas manos agitándose con ternura. Abrió los ojos solo por un instante, y parecían brillar como la misma estrella.

El corazón del camellito dio un salto. En esos ojos sintió algo que nunca había sentido antes: una paz completa. Era como si el bebé pudiera ver dentro de él—sus preocupaciones, su soledad, la forma en que a veces se sentía diferente de los demás. Y aun así, en lugar de sentirse pequeño o extraño, se sintió plenamente conocido y perfectamente amado.

"—Tú me entiendes —susurró suavemente el camellito—. Tú sabes por qué vine.

Durante un momento, simplemente miró, respirando en el silencio lleno de asombro. No tenía un regalo de oro, ni especias aromáticas, ni aceite precioso que ofrecer. Pero al arrodillarse allí, comprendió que había entregado algo distinto—su confianza, su fe y su largo viaje de esperanza. María miró al camellito y le sonrió con ternura.

—Incluso los más pequeños, cuando vienen con un corazón abierto, son bienvenidos aquí —dijo.

Las orejas del camellito se movieron. Se acomodó en la paja junto al pesebre, sin apartar la vista del Niño Jesús. En ese momento sagrado, supo que su viaje había valido cada paso.

Capítulo 13 – Llega Mamá

El camellito descansaba en silencio junto al pesebre, con los ojos fijos en el pequeño niño envuelto en mantas. Se sentía seguro, en paz, como si pudiera quedarse allí para siempre.

De pronto, desde fuera del establo, se escucharon pasos apresurados. La paja crujió, el burrito rebuznó, y en la entrada apareció una silueta familiar.

—¡Mamá! —gritó el camellito, saltando de pie.

La mamá camella corrió hacia él, los ojos abiertos de alivio.

—¡Oh, pequeñito mío! He buscado por todo el desierto. ¿Por qué te fuiste sin decirme nada?

Las lágrimas llenaron los ojos del camellito.

—Vi la estrella, mamá. Era tan brillante… y sentí que me llamaba. Tenía que seguirla.

La mamá camella inclinó la cabeza y lo rozó con ternura.

—Estaba tan preocupada… Pero cuando levanté la vista, vi la misma estrella. Algo en mi corazón me dijo que debía seguirla también.

Juntos se volvieron hacia el pesebre. La luz de la estrella descendía sobre ellos, envolviéndolos en un resplandor dorado. María levantó la mirada del bebé y sonrió, como si lo comprendiera todo.

El camellito se apretó contra el costado de su madre.

—Mira, mamá. Este es el bebé al que la estrella nos guió.

Los ojos de la mamá camella se suavizaron al contemplar a Jesús.

—Tan pequeño —susurró—, y sin embargo tan lleno de luz.

Por primera vez, madre e hijo permanecieron uno al lado del otro, su viaje completo. Ambos habían seguido la misma estrella, aunque por caminos distintos. Y allí, en el pesebre, sus corazones se unieron de nuevo.

El camellito suspiró feliz, recostándose contra el cálido pelaje de su madre. Ya no era un vagabundo. Estaba en casa—justo aquí, junto a su madre y ante el Niño Jesús.

Capítulo 14 - Una Noche para Recordar

El establo estaba en silencio, iluminado solo por el resplandor de la gran estrella en lo alto. María mecía a su bebé, José velaba cerca, y los animales se movían suavemente entre la paja.

El camellito se acurrucó junto a su mamá, sintiendo el calor de su costado. Juntos miraban al niño en el pesebre, con el corazón lleno de asombro.

A su alrededor, los Reyes Magos se inclinaban, sus tesoros colocados ante el Niño Jesús. Los pastores susurraban oraciones de alabanza, apoyados en sus cayados junto a la puerta. Incluso el burrito y la vaca parecían inclinar la cabeza, como si también comprendieran que esa noche era sagrada.

Los ojos del camellito brillaron.

—Mamá —susurró—, seguí a la estrella y me trajo hasta aquí. No tengo regalos como los demás... pero le di mi corazón.

La mamá camella lo rozó con ternura. —Y ese es el regalo más grande de todos, pequeñito.

El bebé en el pesebre se movió, su diminuta mano extendiéndose como en una bendición. El camellito sintió una paz que lo envolvía, más fuerte que el calor del sol, más profunda que el frescor de la noche.

Sabía que nunca olvidaría este momento. El viaje había sido largo y difícil, pero lo había llevado hasta Aquel que lo comprendía por completo. Afuera, la estrella brillaba más que nunca, su luz extendiéndose por todo el mundo. Dentro del establo, corazones jóvenes y viejos descansaban bajo su resplandor.

El camellito suspiró feliz, sus párpados volviéndose pesados. Acurrucado junto a su mamá, susurró un último pensamiento antes de dormir:

—Esta noche será recordada para siempre.

Y mientras se deslizaba en sus sueños, la estrella en lo alto seguía brillando, anunciando el nacimiento del Rey más grande que el mundo conocería.

El Camellito y la Estrella de Navidad

Ahora tienes todo lo que necesitas para conectar a tu hijo con las lecciones eternas de la Biblia de una manera inclusiva y conmovedora. Es momento de compartir este nuevo conocimiento y ayudar a otros lectores a encontrar la misma alegría.

Al compartir tu opinión sincera sobre este libro, estarás guiando a padres, cuidadores y maestros de escuela dominical hacia recursos que nutren a los niños con historias del amor de Dios y de inclusión.

Gracias por tu apoyo. El mensaje del amor de Dios para todos vive cuando lo compartimos con los demás—y tú nos estás ayudando a hacerlo.

Con gratitud,
Tiina Hoddy

¿Cuántos animalitos encontraste?

✨ Mira con atención en cada página y fíjate si puedes verlos todos.

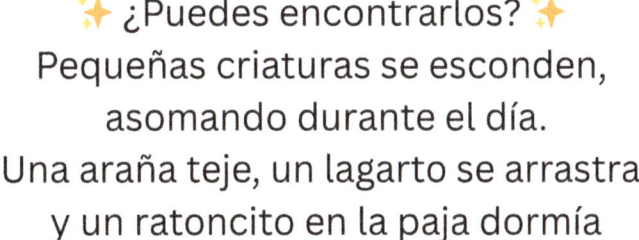

✨ ¿Puedes encontrarlos? ✨
Pequeñas criaturas se esconden,
asomando durante el día.
Una araña teje, un lagarto se arrastra,
y un ratoncito en la paja dormía
.
Un escarabajo camina, un pájaro vuela,
una rana salta en la noche estrellada.
Mira las páginas, una por una,
¡y cuenta a los animales, qué divertida jornada!

www.ingramcontent.com/pod-product-compliance
Lightning Source LLC
Chambersburg PA
CBHW042357280426
43661CB00096B/1145